LE
SECRÉTARIAT OUVRIER D'HYGIÈNE

DE LA

Bourse du Travail de Lille

Par le Docteur D. VERHAEGHE

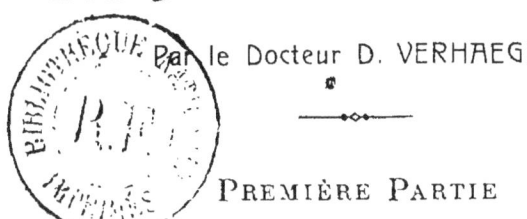

Première Partie

L'Organisation actuelle du Secrétariat Ouvrier d'Hygiène

I

Son Origine et ses Débuts

L'origine du *Secrétariat Ouvrier d'Hygiène* remonte au 27 Mars 1902.

A cette date, le *Syndicat l'Avenir Médical* adhérent à la *Fédération locale des Syndicats Ouvriers de Lille* votait la résolution suivante :

« Le Syndicat l'*Avenir Médical* décide la nomination d'une Commission chargée d'organiser si possible : 1° ....; 2° un *Secrétariat d'Hygiène d'assistance et d'assurances sociales,* dont l'objet serait l'étude de toutes les questions d'hygiène, d'assistance et d'assurance intéressant plus spécialement la classe ouvrière. — Cette Commission pourra s'adjoindre les délégués d'organisations ouvrières. »

Composée de camarades délégués par le Comité spécial de la Coopérative l'*Union de Lille*, la *Fédération locale des Syndicats Ouvriers* et le Syndicat l'*Avenir Médical*, la Commission décide, dans une de ses premières séances, la création dudit *Secrétariat d'hygiène, d'assurances et d'assistance sociales.*

Les débuts du Secrétariat furent pénibles. Il fallait tout créer et l'on ne disposait d'aucune ressource. Son action fut donc fatalement restreinte, et elle ne fut possible, à ce moment, que grâce au concours pécuniaire du Syndicat l'*Avenir Médical.*

Mais, peu à peu, les diverses organisations ouvrières, syndicales et coopératives de la région s'intéressèrent à ce nouvel organisme, lui votèrent des subsides et envoyèrent des délégués à la *Commission* qui, après avoir créé le *Secrétariat d'Hygiène*, continuait à l'assister dans son action et dans ses travaux.

Et le *Secrétariat* prenait une vitalité de plus en plus grande.

Une circonstance imprévue permit de lui donner ce qui lui manquait pour qu'il fut à même de rendre les services qu'on était en droit d'attendre de cet organisme : nous voulons dire, une *Permanence.*

Toute l'année 1905 avait été consacrée à l'étude de la loi sur les Accidents du Travail, à la propagation dans les milieux ouvriers des droits que cette loi confère aux blessés du Travail et des mesures qu'ils avaient à prendre pour sauvegarder leurs intérêts.

Le *Secrétariat Ouvrier* ne tarda pas à se rendre compte du rôle prépondérant que joue le médecin dans l'application de la loi sur les accidents du Travail. Son attention une fois attirée sur ce point, il s'efforça de dresser une liste des médecins offrant aux blessés du Travail toutes garanties d'impartialité. Une circulaire fut adressée à cet effet à tous les médecins de Lille. Soit que la plupart des médecins lillois fussent — plus ou moins officiellement — attachés à des entreprises patronales, soit qu'ils se fussent à ce moment désintéressés de cette question, c'est à peine si le *Secrétariat d'Hygiène* reçut une douzaine de réponses.

En présence de cet échec, le *Secrétariat Ouvrier*, désireux avant tout d'assurer aux blessés du travail tous les soins médicaux dont ils pouvaient avoir besoin en même temps que l'assistance de médecins sur l'impartialité desquels ils puissent compter, organisa son service médical à lui. La consultation centrale, la plus importante, celle à laquelle devaient être annexés les services de spécialités, fut installée dans des locaux mis à la disposition du *Secrétariat Ouvrier* par la Coopérative l'*Union de Lille*.

En même temps, il fut décidé, d'accord avec le syndicat médical adhérent à la Fédération locale, que cette consultation centrale serait confiée à un médecin suffisamment au courant des questions d'hygiène et de sécurité des travailleurs et des ateliers, d'assistance et de prévoyance, de législation protectrice du travail pour pouvoir assurer la permanence et le fonctionnement général du *Secrétariat Ouvrier d'Hygiène*.

A partir de ce moment, le *Secrétariat Ouvrier d'Hygiène* se développa rapidement pour arriver à constituer l'organisme tel qu'il est et tel qu'il fonctionne actuellement.

II

Son but et son fonctionnement

Le *Secrétariat Ouvrier d'Hygiène* a pour BUT :

1° En général, d'étudier toutes les questions d'hygiène, de sécurité, d'assistance, d'assurance et de prévoyance intéressant la classe ouvrière ;

2° En particulier, d'étudier les lois et règlements concernant ces questions, d'en suivre l'application et de fournir sur ces sujets aux organisations ouvrières et à leurs membres tous documents, renseignements et conseils pouvant leur être utiles;

3° De déterminer et de formuler, à ces points de vue, les revendications de la classe ouvrière;

4° D'en poursuivre la réalisation, soit par l'intermédiaire de l'organisation économique et politique du Prolétariat, soit par lui-même avec l'appui des organisations ouvrières;

5° D'appeler l'attention des travailleurs sur toutes ces questions, par tous les moyens en son pouvoir (conférences, brochures, presse, affiches, etc.).

Le FONCTIONNEMENT du *Secrétariat Ouvrier d'Hygiène* est confié à un *médecin* nommé par la commission administrative de la Fédération locale des syndicats ouvriers sur la proposition du syndicat médical adhérent à la Fédération. Ce médecin doit être au courant des questions ci-dessus spécifiées.

Il est assisté par une *Commission* où peuvent se faire représenter toutes les organisations ouvrières s'intéressant à cet organisme. Cette Commission se réunit au moins tous les trois mois; elle prend connaissance des travaux effectués, indique les questions à mettre à l'étude et décide de l'action à mener ou de l'agitation à soulever.

Le *Secrétariat Ouvrier d'Hygiène* constitue donc un organisme de la *Bourse du Travail* et est placé sous le contrôle de la *Fédération locale des Syndicats ouvriers* à laquelle il doit rendre compte de son action et de ses travaux.

Son BUDGET est alimenté par les subventions qui peuvent lui être accordées.

III

Sa Permanence

Cette permanence est installée à la Coopérative l'*Union de Lille* et est ouverte tous les matins, de dix heures à midi (sauf les jours fériés). Elle est assurée par le camarade médecin, chargé du fonctionnement du *Secrétariat Ouvrier d'Hygiène*.

La permanence a pour but de permettre aux travailleurs de se procurer tous les renseignements dont ils peuvent avoir besoin concernant les questions dont s'occupe le *Secrétariat Ouvrier d'Hygiène*, à savoir : Accidents du Travail, Hygiène et Sécurité des Travailleurs dans les ateliers, Hygiène et Assistance publique, etc.

Accessoirement les travailleurs peuvent trouver à cette permanence, les renseignements concernant toutes autres affaires (affaires civiles et militaires, droit commun, etc). A cet effet, le *Secrétariat Ouvrier* s'est assuré le concours d'hommes compétents pour ces questions un peu spéciales. Ces renseignements devant être fournis par des tierces personnes, les demandes s'y rattachant doivent être formulées par écrit.

III

Son Conseil Judiciaire

A. — BUT. — Le Conseil Judiciaire, a pour but : *Sur le terrain de la législation de protection ouvrière*, d'assister les travailleurs en justice.

B. — COMPOSITION. — Le Conseil Judiciaire comprend :

1° Le médecin chargé du fonctionnement du *Secrétariat Ouvrier d'Hygiène ;*

2° Les délégués des Syndicats ;

3° Un représentant des Conseillers Prud'hommes ouvriers ;

4° Toutes personnes (avocats, médecins, etc.), désireuses de prêter leur concours à l'organisation et qui auront été agréées par le *Secrétariat Ouvrier* ;

C. — Réunions. — Le Conseil Judiciaire se réunit une fois par semaine (actuellement, le mardi, à six heures du soir), pour étudier les affaires en cours et discuter de la ligne de conduite à suivre.

D. — Budget. — Le Conseil Judiciaire a son Budget propre indépendant de celui du *Secrétariat Ouvrier*.

E. — Délégués ouvriers. — Une des particularités du Conseil judiciaire du *Secrétariat Ouvrier*, est le rôle confié aux délégués des Syndicats dans la défense de leurs camarades en justice.

Dans les Accidents du Travail notamment, ce sont les délégués ouvriers qui accompagnent les blessés et défendent leur cause, soit en justice de paix, soit devant le Président du tribunal en conciliation.

Cette manière de faire est un peu extra-légale, mais elle a pour elle : 1° la circulaire du Garde des Sceaux du 18 juillet 1906 ; 2° la méfiance qu'ont les blessés vis-à-vis de leurs avocats d'office non librement choisis par eux, mais imposés par le Bureau de l'Assistance Judiciaire ; 3° le réconfort moral qu'est pour le blessé la présence d'un délégué de son syndicat ; 4° l'expérience acquise qui démontre combien utile est l'action de ce délégué dans les conciliations. Ce délégué ne représente pas, en effet, seulement l'intérêt individuel du blessé, mais il défend, dans le blessé, l'intérêt de la classe ouvrière en général ; et dans certains cas, nous avons pu constater que ce n'était pas sans effet qu'il évoquait devant le représentant de la Compagnie d'assurances, la puissance et la volonté de son organisation syndicale.

D'autre part, au point de vue de l'action syndicale, l'institution des délégués ouvriers nommés par les syndicats et chargés d'accompagner en justice les camarades de leur corporation a paru pouvoir être de quelque utilité. L'ouvrier blessé se trouve, à ce moment, plus à même qu'en temps ordinaire, d'apprécier la valeur d'être soutenu par une organisation. Et, pour un délégué un peu diplomate, la propagande syndicale doit en être facilitée d'autant.

V

Son Service Médical

A. — BUT. — Le Service médical a été créé en vue : 1° de mettre à la disposition des blessés du travail, pour le diagnostic et le traitement de leurs blessures, toutes les ressources de la science médicale moderne ; 2° de leur assurer, par les garanties que donneront les médecins de ce Service, la sécurité la plus complète en ce qui concerne la défense de leurs intérêts.

B. — OBLIGATIONS DES MÉDECINS DU SERVICE MÉDICAL VIS-A-VIS DES BLESSÉS DU TRAVAIL.

1° Les médecins du Service Médical du *Secrétariat Ouvrier d'Hygiène* ne peuvent accepter de remplir pour les chefs d'entreprise les fonctions d'agents de renseignements dans les conditions indiquées à l'art. 4, alinéa 5 et à l'art. 19, alinéa 5 de la loi de 1905. — Ils ne peuvent donner de renseignements sur les blessés aux chefs d'entreprise ou aux Compagnies d'assurances qu'avec l'assentiment de ces premiers.

2° Ils s'engagent, *pour les blessés qu'ils ont en traitement :*

a) à établir leurs notes d'honoraires conformément au tarif ministériel et à les adresser directement au chef d'entreprise ou à la Compagnie d'assurance qui le remplace ;

b) à être présents aux visites faites aux blessés par le médecin patronal, conformément à l'art. 4 alinéa 5 de la loi de 1905 ;

c) à fournir aux blessés tous les certificats nécessités par la procédure, dans la mesure toutefois où ils croiront pouvoir les délivrer ;

d) à assister aux différentes expertises qui pourraient être ordonnées et à fournir s'il y a lieu, au Conseil Judiciaire du Secrétariat Ouvrier, une critique sur les rapports d'expertise.

(Un blessé n'est considéré comme étant en traitement que s'il a appelé le médecin à un moment où il ne pouvait être soulevé aucun doute sur la non guérison ou la non consolidation de la blessure).

C. — ORGANISATION. — L'organisation du Service médical a été confiée au Syndicat médical adhérent à la Fédération locale.

Ce service a son siège central à la Coopérative l'*Union de Lille* où fonctionnent actuellement :

1° Une *Consultation générale* pour toutes blessures, ouverte tous les jours non fériés, de neuf heures à midi.

2° Un service de *Radiologie* (Rayons X) ouvert — sauf les cas d'urgence — le mardi de 9 heures à midi et de 2 heures à 5 heures, et le samedi de 2 heures à 5 heures.

3° Un service d'*Électricité médicale, massage et mécanothérapie*, ouvert les lundi, mercredi et vendredi à 2 heures de l'après-midi.

4° Un service d'*Ophtalmologie* (blessures des yeux) ouvert tous les jours non fériés de 9 heures à midi.

En outre de cette Consultation centrale, le service médical est assuré dans les différents quartiers de la ville et dans sa banlieue par un certain nombre de médecins. Les intéressés n'ont qu'à s'adresser au Secrétaire de leur Syndicat ou à l'*Union de Lille* pour avoir l'adresse du médecin de leur quartier faisant partie du service.

Les blessés ne pouvant se rendre à la Consultation ont la faculté de se faire soigner à leur domicile par les médecins du service médical.

Enfin, les blessés du dehors, devant suivre un traitement spécial nécessitant leur séjour à Lille (opérations chirurgicales sérieuses, blessures des yeux, blessés ayant besoin d'un traitement électrique ou mécanothérapique), peuvent recevoir l'hospitalité chez un camarade demeurant au voisinage de l'*Union de Lille*.

D. — BUDGET. — Le Service médical possède également son budget propre, indépendant de celui du *Secrétariat Ouvrier*.

VI
Services divers

A. — *Laboratoire d'analyses*, destiné à fournir aux organisations ouvrières les renseignements dont elles peuvent avoir besoin dans certains cas : analyses de produits utilisés dans le travail ; analyses de produits alimentaires, etc.

B. — *Bibliothèque.* — La bibliothèque du *Secrétariat Ouvrier d'Hygiène* est commune avec celle du Syndicat l'*Avenir Médical*. Elle est en voie de constitution mais a déjà une certaine importance.

C. — *Casier sanitaire*. — Ce service est également en voie d'organisation. Il comprendra notamment des séries de fiches relatives aux conditions d'Hygiène des lieux de travail et des habitations.

DEUXIÈME PARTIE

L'Action du Secrétariat Ouvrier d'Hygiène

Nous allons maintenant suivre le *Secrétariat Ouvrier d'Hygiène* dans son action sur les différents terrains où il s'est donné mission de travailler :

a) Son action sur le terrain de l'hygiène publique ;
b) Son action sur le terrain de l'hygiène des travailleurs ;
c) Son action sur le terrain de l'Assistance sociale ;
d) Son action sur le terrain de la législation protectrice du travail.

I

Hygiène publique et Hygiène sociale

Tout au début de son existence, le *Secrétariat Ouvrier d'Hygiène* manifesta sa vitalité en prenant l'initiative d'organiser la défense contre l'ÉPIDÉMIE DE VARIOLE qui devait ravager Lille en 1902 et 1903. Avant même que les pouvoirs publics n'aient pris aucune mesure, il instituait, sous le couvert et avec le concours du Syndicat l'*Avenir Médical*, deux dispensaires de vaccination gratuite, l'un à l'*Hôtel des Syndicats*, l'autre à la Coopérative de l'*Union de Lille*, dans lesquels, pendant l'espace de quinze jours, 3.000 personnes furent soumises à la revaccination. Les dispensaires furent fermés lorsque les pouvoirs compétents eurent pris nettement position contre l'épidémie.

Des mesures analogues furent prises par le *Secrétariat Ouvrier d'Hygiène* en 1907, quand Lille fut de nouveau menacée du même fléau par suite de l'ÉPIDÉMIE DE VARIOLE NOIRE survenue à Dunkerque. Les deux dispensaires furent rouverts pendant une dizaine de jours et plus de 1.200 personnes vinrent s'y faire revacciner.

* *
*

En 1903, le citoyen Delory, maire de Lille, ayant pris un arrêté réglementant la VENTE DU LAIT à Lille dans le but d'assurer aux consommateurs lillois un lait non falsifié, le *Secrétariat Ouvrier d'Hygiène*, en présence des attaques dont cet arrêté était l'objet, fit une active propagande en sa faveur. Son action eut pour résultat le vote par un certain nombre d'organisations (Syndicat l'*Avenir Médical* ; Fédération locale des Syndicats Ouvriers ; Coopérative ouvrière laitière de Wattignies), et même par les producteurs de lait de Lille, de résolutions invitant le maire de Lille à maintenir et à faire appliquer son arrêté du 30 avril.

A titre documentaire, nous donnons ici le texte des résolutions votées 1° par le Syndicat l'*Avenir Médical* ; 2° par les Producteurs de Lait de Lille :

1 — Résolution votée par le Syndicat l'«Avenir Médical»

« Considérant que la question de la vente du lait doit se poser avant tout sur le terrain de l'hygiène publique ;

» Considérant d'une part que le lait constitue le plus souvent la base de l'alimentation des malades ; que d'autre part, pour diriger l'allaitement artificiel si répandu parmi les enfants de la classe ouvrière, il est de la plus haute importance pour le médecin de compter sur un lait garanti normal ;

» Considérant que l'expérience faite durant plusieurs années par la municipalité lilloise, autorisant la vente de lait pur, écrémé et pauvre — à la condition que ces laits soient contenus dans des récipients différents portant des mentions spéciales — n'a pas donné de résultats satisfaisants : les marchands laitiers ayant trouvé facilement moyen — grâce à l'indolence d'un public ignorant ou négligent — de tourner l'arrêté municipal ;

» Le Syndicat l'*Avenir Médical du Nord,* réuni en assemblée générale, le 13 juin 1903, mettant au premier plan de ses préoccupations l'intérêt de la santé publique, estime qu'en l'état actuel des choses, seule, l'interdiction de vendre sous le nom de lait tout autre produit que du lait pur, donne au consommateur la garantie à laquelle il a droit et réalise la première condition de toute réglementation rationnelle de l'allaitement artificiel ;

» Approuve en conséquence l'arrêté municipal du 30 avril dernier touchant la vente du lait à Lille ;

» Et invite M. le maire de Lille à le faire appliquer dans le plus bref délai possible. »

2. — Résolution votée
par les producteurs de lait de Lille

Les producteurs de lait de Lille, réunis le 30 juin 1903, après avoir entendu les explications du délégué du syndicat l'*Avenir Médical du Nord*, considérant que l'arrêté municipal du 30 avril dernier, concernant la réglementation de la vente du lait à Lille, indiscutable au point de vue de l'hygiène publique, n'est nullement contraire à leurs intérêts propres ;

Que, bien au contraire, ils voient dans cet arrêté, eux qui ne veulent livrer aux consommateurs qu'un lait normal, une garantie contre la concurrence qui leur est faite par certains laitiers, lesquels attirent la clientèle, surtout la clientèle ouvrière, par le bon marché, mais profitent des clauses de l'ancien arrêté municipal pour écouler ainsi, quelquefois à l'insu du consommateur, un lait inférieur ;

Approuvent par conséquent l'arrêté municipal du 30 avril dernier et invitent M. le Maire de Lille à faire appliquer énergiquement l'article 2 dudit arrêté, ainsi conçu :

« Nul ne pourra vendre ou colporter du lait sur le territoire de la commune de Lille sans en avoir fait au préalable la déclaration à la Mairie, etc., etc. »

Pour l'assemblée et par ordre,
Les délégués.
F. DÉRUELLE, T. TULLY, H. BONNIER, A. PARSY, GAEREMYNCK Sylvain.

※
※ ※

Sur le terrain de l'Hygiène Sociale, on peut encore citer la Conférence faite en 1907, à la Coopérative l'*Union de Lille,* par le Dr Legrain, sur l'*Alcoolisme et le Prolétariat* et de nombreux articles parus dans divers journaux ouvriers (*Travailleur, Voix des Verriers, Ouvrier Textile,* etc.) sur l'Alcoolisme, la Tuberculose et la Syphilis.

II

Hygiène des Travailleurs

Après la grande grève du Textile de la région Armentières-Houplines (fin 1903), alors que la Chambre des Députés chargeait une commission parlementaire d'aller étudier sur place les conditions de travail et d'existence des ouvriers du Textile, le *Secrétariat Ouvrier d'Hygiène,* d'accord avec les syndicats ouvriers intéressés, entreprit une enquête sur la SITUATION SANITAIRE DES OUVRIERS DU TEXTILE dans l'arrondissement de Lille. Cette enquête dura plusieurs mois et aboutit à une étude statistique publiée dans la *Revue d'Hygiène et de Police Sanitaire* (Décembre 1904) et dont les conclusions sont les suivantes :

1° 38,46 p. 100. c'est-à-dire plus du tiers des enfants de la population ouvrière textile, meurent en bas âge, principalement de gastro-entérite et d'athrepsie, parce que la mère, travaillant en atelier, est mise dans l'impossibilité de donner le sein à son enfant.

2° 42,08 p. 100 des travailleurs du textile se trouvent dans un état de santé insuffisant, notamment par suite d'affections chroniques des voies respiratoires, plus du quart (28.08 °/₀) des ouvriers textiles étant atteints de bronchite chronique.

3° Parmi ces affections chroniques des voies respiratoires, les unes sont dues, avant tout, aux conditions d'hygiène défectueuses dans lesquelles s'exercent les travaux textiles (poussières dans le lin et l'étoupe, chaleur humide et défaut d'aération dans le coton) : ces affections se rencontrent surtout chez les ouvriers ayant de longues années de présence dans les ateliers. — Les autres sont dues plutôt au surmenage physique et à l'alimentation insuffisante auxquels doit se soumettre l'ouvrier par suite de salaires trop bas. Nous nous trouvons ici en présence de la tuberculose qui frappe surtout les travailleurs entre 25 et 35 ans. Plus de la moitié (56,27 p. 100) des ouvriers textiles tousseurs seraient tuberculeux.

A la demande du Syndicat des Peintres, une enquête du même genre fut faite relative à la SITUATION SANITAIRE DES OUVRIERS PEINTRES EN BATIMENT DE LILLE. Les résultats de cette enquête furent publiés dans l'*Echo Médical du Nord* (Août 1906). Les conclusions en étaient les suivantes :

1° Etant donné le milieu dans lequel a porté cette enquête, les résultats obtenus peuvent être considérés comme représentant l'influence du métier, c'est-à-dire de l'intoxication professionnelle par la céruse, sur l'état sanitaire des ouvriers peintres, lorsque ceux-ci se trouvent placés dans les meilleures conditions d'hygiène compatibles avec l'état actuel des choses.

2° Ces résultats ne sont évidemment qu'approximatifs et relatifs. Il serait utile de poursuivre cette enquête sur une plus large échelle.

3° Les altérations de la santé générale se manifestent principalement dans la période de 30 à 45 ans d'âge, après environ 15 à 25 ans d'activité professionnelle. A ce moment, près de 60 o/o des ouvriers peintres (de 53 à 62 o/o) se trouvent dans un état de santé insuffisant. Et bientôt ces éléments disparaissent de la vie professionnelle, soit par changement de métier, soit par morbidité, soit par mort. *On peut dire que pour 60 o/o environ des peintres, l'invalidité arrive vers l'âge de 45 ans, et que la durée de la vie professionnelle active est d'environ 30 ans, cette vie commençant vers l'âge de 15 ans.*

4° *Le saturnisme des peintres n'est pas une section de l'al-*

coolisme. Mais l'alcoolisation vient aggraver considérablement le pronostic de l'intoxication par le plomb.

5° *La profession de peintre ne paraît pas avoir d'influence sur le taux de la mortalité infantile de o à 2 ans*, abstraction faite des mort-nés. Ici aussi, le taux de cette mortalité infantile paraît surtout être fonction du genre de travail de la mère et, par suite, du mode d'alimentation des enfants.

6° *Mais cette profession paraît avoir une influence considérable sur la mortinatalité*. La proportion des mort-nés pour l'ensemble des naissances est de 22,91 o/o, alors que pour l'ensemble de la ville de Lille, le Bulletin de l'Office sanitaire accuse une proportion de 8,2 o/o en 1902, proportion que ce Bulletin déclare même un peu supérieure à ce qu'elle est d'habitude.

* *
*

En même temps, le *Secrétariat Ouvrier d'Hygiène* prenait une part active aux travaux des *Congrès de l'Hygiène et de la Sécurité des Travailleurs et des Ateliers* (1905 et 1907) où il était chargé de représenter la Bourse du Travail de Lille.

Son délégué au Congrès de 1905 avait été nommé rapporteur de la Commission chargée de l'élaboration des Statuts de la nouvelle *Association pour l'Hygiène et la Sécurité des Travailleurs et des Ateliers* qui devait sortir de ce Congrès. Comme tel, il réussit à donner à cette Association un but analogue à celui de notre Secrétariat Ouvrier, ainsi que le caractère nettement ouvrier qu'il était nécessaire qu'elle eut pour avoir sa raison d'être.

« La classe ouvrière, disait-il, ne peut pas concevoir et ne conçoit pas la question d'hygiène du même point de vue que la classe bourgeoise. Sur ce terrain aussi nous devons affirmer la nécessité où nous nous trouvons, et, par suite, notre volonté de faire la lutte de classes.

« ..... Nous ne voulons pas faire une Société pour

l'étude des questions d'hygiène ouvrière; cela ne nous suffit pas. Nous voulons faire une Société *Ouvrière* pour l'étude des questions d'hygiène. »

III
Assistance Sociale

L'attention du Secrétariat Ouvrier fut notamment attirée sur deux questions d'assistance :

a) l'application de la loi sur l'*Assistance Médicale Gratuite* en ce qui concerne la liberté pour les indigents de choisir leur médecin ;

b) l'application de la loi sur l'*Assistance aux Vieillards.*

Rien de positif n'ayant encore été décidé relativement à ce deuxième point, nous nous contenterons de signaler l'action du Secrétariat Ouvrier d'Hygiène relativement à l'obtention du libre choix du médecin par les indigents.

* *

En juillet 1906, la Commission du *Secrétariat Ouvrier d'Hygiène* avait voté la résolution suivante :

Considérant d'une part :

1° Que s'il est du devoir de la Société d'exiger des personnes qui veulent se livrer à la profession médicale un minimum de connaissances nécessaires (minimum qui se trouve actuellement réalisé par l'obtention du diplôme de docteur en médecine), il est également du devoir de la Société de reconnaître à tous les citoyens le droit de choisir librement leur médecin, c'est-à-dire le droit de confier leur santé et celle de leur famille au médecin en qui ils ont le plus confiance ;

2° Que la Société a reconnu formellement ce droit en l'inscrivant dans la loi sur les accidents du travail.

Considérant d'autre part :

1° Que la Société a pris à sa charge, par la loi sur l'Assistance médicale gratuite, les soins à donner aux indigents malades, mais que, presque toujours, les organismes chargés d'appliquer cette loi obligent les indigents à s'adresser à tel médecin désigné par l'administration ;

2° Que cette manière de faire a pour effet de priver la plus grande partie des indigents du bénéfice de la loi sur l'Assistance médicale gratuite; les uns préfèrent payer eux-mêmes leur médecin plutôt que de s'adresser au médecin administratif qu'ils ne connaissent pas et qui ne les connaît pas : d'autres, ne pouvant se payer eux-mêmes un médecin, sont privés, soit totalement de soins médicaux, soit tout au moins de soins consciencieux et suffisants, les médecins de l'administration, en raison même des conditions de travail qu'ils acceptent, ne pouvant montrer qu'un zèle des plus modérés lorsqu'il s'agit de soigner un malade du Bureau de Bienfaisance ;

3° Que seul, le droit pour l'indigent de se faire soigner par le médecin de son choix — et ce, aux frais de la Société — lui donnera la possibilité de recevoir tous les soins que nécessitera son état et surtout la conviction — chose des plus importantes — qu'il est soigné comme il doit l'être.

Considérant enfin :

Que si on objecte à cette revendication des raisons d'ordre financier, la classe ouvrière n'a pas à se préoccuper de quelle façon l'administration bourgeoise équilibre son budget ; qu'en tous cas elle ne peut accepter que des économies soient faites aux dépens de la santé des ouvriers et de leurs enfants, d'autant plus que la société bourgeoise est responsable, par les mauvaises conditions d'hygiène, de vie et de travail qu'elle impose aux ouvriers, de la plupart de leurs maladies, et qu'elle peut, si elle le veut, par un développement de la législation protectrice du travail, des mesures d'hygiène publique et d'hygiène sociale, diminuer notablement la morbidité ouvrière.

En conséquence :

Le *Secrétariat Ouvrier d'Hygiène* de Lille décide de mener campagne sur tous les terrains pour l'obtention de la liberté, pour l'indigent, de choisir son médecin dans les mêmes conditions que celles fixées par la loi sur les accidents du travail.

L'obtention de cette réforme dépendant du Conseil général, il fut décidé de tenter un effort dans ce sens en juillet 1907, lors du renouvellement partiel du Conseil général.

Le questionnaire suivant fut adressé à tous les candidats au Conseil général :

« 1° Etes-vous partisan du libre choix du médecin par les indigents ?

« 2° Prenez-vous l'engagement de défendre devant le Conseil général toute proposition tendant à accorder cette liberté aux indigents ?

« Il est entendu que le Secrétariat Ouvrier d'Hygiène laisse au Conseil général le soin de fixer un tarif maximum d'honoraires médicaux. »

Aussitôt, la Commission administrative de la Fédération du Nord du Parti socialiste nous faisait savoir qu'elle conseillait aux candidats du Parti de répondre affirmativement à ce questionnaire. Et peu à peu les adhésions arrivèrent.

Quelques jours avant le scrutin, la circulaire ci-dessous était adressée aux électeurs par l'intermédiaire de la Presse :

SECRÉTARIAT OUVRIER D'HYGIÈNE

Elections Cantonales de Juillet 1907

Pour le libre choix du Médécin par les Indigents

Ouvriers indigents.

La loi sur l'assistance médicale gratuite, qui met à la charge de la Société les frais médicaux et pharmaceutiques nécessités par les soins dont vous pouvez avoir besoin quand vous et vos familles êtes atteints par la maladie, ne vous conteste pas le droit de faire appel au médecin en qui vous avez confiance.

Mais l'Administration vous supprime cette liberté ; elle vous oblige à vous adresser à ses médecins ; et, ce faisant, elle renforce un peu plus la puissance d'oppression dont elle dispose, puissance d'oppression inhérente à toute œuvre de charité ou d'assistance.

Médecins,

Cette même loi n'a pas voulu créer un monopole au profit de quelques-uns d'entre vous.

Mais l'Administration a créé ce monopole : et elle l'a créé d'une part pour obtenir des médecins qu'elle emploie des soins à rabais, de l'autre pour s'en faire un instrument de domination et de favoritisme.

Résultat :

1° De la part du médecin, négligence, maintes fois constatée, dans l'accomplissement de ses devoirs vis-à-vis des malades indigents.

2° De la part de l'ouvrier, plaintes et critiques continuelles contre les médecins de l'assistance.

3° Comme conséquence, abandon par un grand nombre d'indigents du bénéfice de la loi, ceux-ci préférant soit se passer de soins médicaux, soit payer eux-mêmes un médecin, plutôt que de s'adresser au médecin imposé par l'Administration.

Le remède à cette situation est la liberté accordée à l'indigent de se faire soigner par le médecin de son choix.

Ouvriers et Médecins,

Vous avez à cette réforme un égal intérêt.

Profitez des élections cantonales pour faire entendre votre volonté. L'établissement du libre choix dépend du Conseil général. Utilisez la campagne électorale pour obtenir des candidats la promesse formelle de faire aboutir cette revendication.

Le Secrétariat Ouvrier d'Hygiène.

NOTA. — Le *Secrétariat Ouvrier d'Hygiène* a envoyé à tous les candidats dont les noms sont parvenus à sa connaissance (71) une circulaire par laquelle il leur demandait l'engagement de défendre, au Conseil général, toute proposition tendant à accorder aux indigents le libre choix de leur médecin.

Ont pris cet engagement les candidats dont les noms suivent :

Arrondissement d'Avesnes : Sustendal (Solre-le-Château) ; Tordeux, Dr Sirot (Avesnes-Nord).

Arrondissement de Cambrai : Campener, Deligne (Carnière) ; Claisse (Le Cateau) ; Hautoit (Solesmes) ; Rassel (Cambrai-Est).

Arrondissement de Douai : Monier M., Mannier (Douai-Ouest) ; Leglay, Labalète (Arleux).

Arrondissement de Dunkerque : Coquelle, Dumont, Hannebique (Dunkerque-Est) ; Torris (Gravelines).

Arrondissement d'Hazebrouck : Lhotté, Vanderschooten (Bailleul-N.-E.); Maertens (Hazebrouck-Nord); Moeneclay (Cassel).

Arrondissement de Lille : Krebs, Leclercq (Lille-Est) ; Delesalle, Devernay, Mourmant, Wattel (Lille-Nord-Est) ; Bonnefoy, Saint-Venant (Lille-S.-E.) ; Binauld, Ragheboom (Lille-S.-O.) ; Bailleul (Roubaix-Est) ; Inghels, Spriet (Cysoing) ; Marchand, Maurice (Pont-à-Marcq) ; Constant (Lannoy) ; Colrat, Delefosse, Mélantois (Seclin) ; Barrois, Vandeputte (Tourcoing-Nord) ; Pierpont (Tourcoing-N.-E.) ; Dansette, Sohier (Armentières).

Arrondissement de Valenciennes : Couteaux (Saint-Amand) ; Deguise (Valenciennes-Est) ; Lemoine (Bouchain).

Le résultat fut la nomination par le nouveau Conseil Général d'une Commission chargée spécialement de l'étude de cette question qui doit revenir en discussion à la session d'avril prochain.

IV

La législation protectrice du Travail

Il est très difficile aux organisations ouvrières d'exiger l'application des différentes lois de protection ouvrière, car le contrôle ouvrier est pour ainsi dire impossible. D'une façon générale, sur ce terrain, les syndicats ouvriers ne peuvent guère agir que par l'intermédiaire des inspecteurs du Travail.

Aussi la question de la Réforme de l'Inspection du Travail retient toujours au maximum l'attention des militants des organisations ouvrières.

Cette question ayant naturellement été soulevée aux

Congrès de l'*Hygiène des travailleurs et des ateliers*, le délégué envoyé par le *Secrétariat Ouvrier d'Hygiène* pour y représenter la Bourse du Travail de Lille y défendit avec énergie la thèse des Inspecteurs ouvriers mandatés par les organisations syndicales et responsables devant elles ; cette thèse prévalut d'ailleurs sur celle des Inspecteurs ouvriers fonctionnaires des pouvoirs publics que défendaient certains délégués.

Cependant il est actuellement une loi de Protection ouvrière, dont l'application dépend en grande partie de l'action et de l'énergie des travailleurs eux mêmes : c'est la *loi sur les Accidents du Travail*.

Le *Secrétariat Ouvrier d'Hygiène* s'adonna tout entier à la défense des ouvriers sur ce terrain. C'est surtout dans ce but qu'il organisait son Conseil judiciaire et son service médical, attachant le maximum d'importance à la bonne organisation de ce dernier.

En effet — nous l'avons déjà dit plus haut — dans l'application de la loi sur les Accidents du Travail (comme en général de toutes les lois d'assurance et d'assistance sociales), c'est le médecin qui joue le rôle principal.

Les patrons et les compagnies d'assurance l'ont bien compris. Ils se sont attachés un grand nombre de médecins, et ils s'efforcent par tous les moyens en leur pouvoir, d'empêcher leurs ouvriers blessés de s'adresser à un médecin libre, encore plus à un médecin connu pour ses sympathies pour la classe ouvrière.

Heureusement, la loi accorde à l'ouvrier blessé le droit de choisir son médecin ; et le *Secrétariat Ouvrier d'Hygiène* s'est efforcé, par conférences, circulaires, articles de journaux, d'apprendre aux ouvriers blessés que la loi leur donnant ce droit, leur intérêt était d'en user et de ne s'adresser qu'à des médecins indépendants de la classe patronale.

A titre documentaire, nous donnons ci-dessous deux des circulaires distribuées par le *Secrétariat Ouvrier*.

Conseils aux Ouvriers blessés du Travail

APPLICATION DE LA LOI DES 9 AVRIL 1898
22 MARS 1902, 31 MARS 1905

1° *Tout ouvrier blessé dans son travail doit faire immédiatement constater, par les personnes présentes, l'accident dont il vient d'être victime.* — Le blessé qui néglige de faire constater l'accident en apparence le plus futile (piqûre, écorchure, coupure, effort, poussière dans l'œil, etc.), commet une imprudence très grave dont il peut avoir à se repentir.

2° *Le blessé n'est nullement obligé d'aller voir le médecin que lui indique son patron.* — Avec le bulletin qui lui est remis au moment de l'accident (billet d'assurance), il peut se rendre chez n'importe quel médecin de son choix sans tenir compte de l'adresse inscrite sur ce bulletin. Est passible d'une amende de 16 à 2000 francs tout patron qui, soit par menace de renvoi, soit par refus ou menace de refus des indemnités, tente d'imposer son médecin à l'ouvrier blessé.

3° Les certificats médicaux de constatation d'accident ou de consolidation de la blessure étant le pivot de toute la procédure : les tribunaux subordonnant le plus souvent leurs jugements aux rapports des médecins ; il y a, pour l'ouvrier blessé, un intérêt primordial a prendre un médecin sur l'impartialité duquel il puisse compter. Les médecins patronaux, c'est-à-dire ceux qui agissent pour et au nom de la classe patronale, sont enclins à tromper les blessés au profit de ceux dont ils sont les représentants. *L'ouvrier doit donc s'en méfier, et, en cas d'accident, s'adresser à un médecin dont l'indépendance vis-à-vis de la classe patronale lui soit connue. Si, en cours de traitement, le blessé s'aperçoit qu'il est entre les mains d'un médecin acquis à la classe patronale, son intérêt est de le quitter le plus tôt possible.* La loi reconnaît toujours au blessé ce droit de changer de médecin à n'importe quelle période du traitement.

4° Dans la mesure du possible, le *blessé du travail doit refuser d'aller se faire soigner à l'hôpital.* A l'hôpital, le blessé ne peut faire appeler le médecin de son choix; d'autre part, il se verra refuser par les médecins des hôpitaux les certificats dont il pourrait avoir besoin, tandis que les compagnies d'assurances auront toute facilité — et souvent à l'insu du blessé — de se procurer sur son état tous les renseignements qui lui seront utiles pour constituer son dossier. — Les opérations se font aussi bien à domicile qu'à l'hôpital, et souvent avec plus de chance de succès.

5° *Les frais de médecin sont, dans tous les cas, à la charge du patron ou de la Compagnie d'Assurances.* jusqu'à concurrence d'un tarif établi par arrêté ministériel.

6° *Le médecin traitant n'a nullement le droit de délivrer au patron ou à la Compagnie d'Assurance un certificat concernant le blessé;* ce faisant, il s'expose à être poursuivi en violation de secret professionnel. Toute lettre confiée au blessé par son médecin pour être portée soit au patron, soit à la compagnie d'assurance, soit à un autre médecin, doit être remise ouverte au blessé. Si elle est cachetée, le *blessé doit l'ouvrir* pour prendre connaissance de son contenu.

7° Le *domicile de tout citoyen est inviolable.* Dans la mesure du possible, l'ouvrier blessé ne doit laisser pénétrer chez lui, ni le médecin patronal, ni aucun autre agent du patron. — Pour avoir accès auprès du blessé, le médecin patronal doit lui présenter : *a)* une autorisation du juge de paix ; *b)* le reçu de la lettre recommandée adressée depuis 48 heures au moins au médecin traitant. Le *médecin patronal n'a jamais le droit de toucher le blessé.* C'est au médecin traitant qu'il convient de faire constater au médecin patronal l'état du blessé. Le médecin traitant a donc pour devoir d'assister à cette visite. En son absence, le blessé doit refuser de recevoir le médecin patronal.

8° *L'indemnité journalière est due les dimanches et jours de fête* comme les autres jours de la semaine ; elle est due à partir du cinquième jour après l'accident ; toutefois, *elle est due à partir du premier jour si l'incapacité de travail dure plus de dix jours.* Cette indemnité est égale à la moitié du salaire moyen des journées de travail pendant le mois qui a précédé l'accident. S'il s'agit d'un ouvrier âgé de moins de seize ans ou d'un apprenti, l'indemnité est calculée sur le salaire le plus bas des ouvriers valides de la même catégorie occupés dans l'entreprise.

9° Lorsque la blessure est *consolidée*, c'est-à-dire lorsque l'état du blessé est déclaré par un certificat médical n'être plus susceptible d'amélioration par le traitement, le blessé a intérêt à retravailler aussitôt que possible. Sa rente n'en sera pas diminuée, les juges tenant compte de l'état d'invalidité du blessé sans s'occuper s'il travaille ou non, s'il est payé peu ou beaucoup. D'ailleurs, les sommes touchées à titre d'indemnité journalière après la consolidation de la blessure, peuvent être retenues sur la rente qu'obtiendra le blessé pour son incapacité permanente.

10° Les indemnités touchées par le blessé doivent être calculées sur le salaire total du blessé. Les ouvriers feront donc bien d'inscrire sur un carnet les dates de paie et les sommes gagnées. Ils pourront ainsi, en cas de besoin, fournir l'état réel de leur gain annuel, trop souvent inexactement produit par le patron.

11° *Evitez les hommes d'affaires.* — Ce sont des parasites dont l'action est toujours inutile, souvent nuisible. D'ailleurs la loi déclare *nul* tout engagement pris par un blessé vis-à-vis d'un homme d'affaires.

Aux Blessés du Travail

Conseils relatifs à la visite du Médecin patronal

A. — Quel est le droit du Médecin patronal ?

Le médecin patronal n'a qu'*un seul droit* ; celui d'avoir accès auprès du blessé une fois par semaine afin de renseigner le patron sur son état.

B. — Dans quelles conditions le Médecin patronal peut-il exercer son droit ?

1° Le médecin patronal a *accès auprès du blessé* ; mais la loi ne dit pas en quel lieu et à quel moment. Ni le patron, ni le médecin du patron n'ont le droit d'imposer au blessé l'heure et le lieu de cette visite. Le blessé n'est donc nullement obligé de se rendre au domicile du médecin patronal ; il n'est pas non plus obligé de le recevoir à son propre domicile.

2° Pour avoir accès auprès du blessé, le médecin patronal doit : a) *être muni d'une autorisation du Juge de Paix ;* b) *avoir prévenu de sa visite le médecin du blessé deux jours auparavant et par lettre recommandée.*

3° Le médecin patronal ne peut avoir accès auprès du blessé qu'autant que celui-ci *est en traitement*. Si le blessé n'est plus en traitement, si son médecin a déclaré sa blessure guérie ou consolidée, il n'est plus assujetti à cette surveillance médico-patronale ; il peut s'y refuser. Toutefois, lorsque le blessé s'est vu allouer une rente ou une indemnité par le Tribunal, il reste pendant trois ans sous la surveillance du médecin du patron qui a accès auprès de lui au plus une fois par trimestre (art. 19 de la loi).

C. — Quel est le rôle du Médecin patronal ?

Le *médecin patronal n'est pas un consultant* : il n'a donc aucun droit de donner un avis ou un conseil sur le traitement à suivre.

Le *médecin patronal n'est pas un expert, ni même un contrôleur* ; il ne peut donc imposer au blessé son examen et ses investigations ; et il n'a aucun droit de critiquer le traitement suivi.

Le *médecin patronal est un simple agent de renseignements*. Son *unique* mission est de faire connaître au chef d'entreprise si le blessé est ou non en état de reprendre son travail (guéri ou consolidé), et ce, d'après les constatations qu'il sera à même de faire, *uniquement* DE VISU (sauf autorisation du blessé) au cours de sa visite (voir circulaire du 22 février 1901 du directeur de l'Assistance publique aux directeurs des Hôpitaux).

D. — Quelle doit être l'attitude du Médecin traitant ?

Le *devoir du médecin traitant est de toujours assister aux visites du médecin patronal*. Il touche d'ailleurs pour ce faire une certaine rémunération prévue au tarif ministériel. Si le jour et l'heure qui lui sont indiqués dans sa convocation ne lui conviennent pas, il doit immédiatement en avertir *par lettre recommandée*, le chef d'entreprise en lui indiquant — à choisir — deux rendez-vous à jours et heures différents. Si le chef d'entreprise et le médecin patronal ne tiennent pas compte de cette demande, et mettent ainsi le médecin traitant dans l'impossibilité d'assister à la visite du médecin patronal, le blessé a le droit de refuser cette visite, même si le médecin patronal lui présente ses papiers en règle.

E — Conseils aux Blessés.

1° *Priez votre médecin traitant de toujours assister aux visites du médecin patronal.* S'il n'accepte pas, choisissez immédiatement un autre médecin.

2° Sauf exceptions, *n'acceptez comme lieu de visite que l'endroit où vous recevez les soins de votre médecin.*

3° *N'acceptez la visite du médecin patronal qu'autant que vous êtes en traitement et que vous touchez votre indemnité journalière* (à l'exception du cas prévu à l'art. 19 de la loi pour les receveurs de rente).

4° *N'acceptez la visite du médecin patronal que si votre médecin est présent.* C'est à votre médecin qu'il revient de faire constater à son confrère que vous n'êtes pas guéri. *Evitez autant que possible de vous laisser toucher par le médecin patronal.*

5° En l'absence de votre médecin, refusez de recevoir le médecin patronal et ne lui donnez aucun renseignement, même s'il vous présente l'autorisation du Juge de Paix et le reçu de la lettre recommandée adressée quarante-huit heures auparavant à votre médecin. Car l'absence de votre médecin ne doit être due qu'à un mauvais vouloir du chef d'entreprise ou de son médecin, et ses précautions ont dû être prises pour sauvegarder vos intérêts.

Les résultats statistiques de l'action du *Secrétariat Ouvrier d'Hygiène* relative à l'application de la loi de 1898 sur les *Accidents du Travail* ont été publiés dans le Bilan de la Coopérative l'*Union de Lille* en Novembre 1906 et en Novembre 1907.

Nous croyons devoir les reproduire ci-dessous.

Rapport succinct sur l'action du Secrétariat Ouvrier d'Hygiène

(SERVICE DES ACCIDENTS DU TRAVAIL)

pendant la période du 15 Novembre 1905 au 15 Novembre 1906

I. — 427 ouvriers blessés du travail se sont adressés à la Permanence du *Secrétariat Ouvrier d'Hygiène* à l'*Union de Lille* pour divers renseignements.

362 de ces ouvriers étaient organisés (syndicat, coopérative, etc.). 65 ne l'étaient pas, mais ils ont reçu toutes les indications nécessaires à leur affiliation à nos divers groupements.

II. — Les renseignements demandés se rapportaient :

159 fois à des questions de demi-salaires ;

161 fois	—	de rente par suite d'incapacité permanente ;
13 fois	—	relatives à des décès par suite d'accidents ;
9 fois	—	relatives à la révision de procès antérieurs ;

67 fois à des certificats délivrés par des médecins ;

49 fois à des abus commis par des patrons, des agents d'assurance ou des médecins patronaux ;

26 fois à des questions diverses.

Soit un total de 484 renseignements juridiques ou médicaux donnés aux 427 ouvriers blessés.

III. — Ces 427 ouvriers se répartissent comme suit, quant à leur lieu d'origine :

293 travaillaient à Lille ou dans les communes voisines (Lezennes, Hellemmes, Mons-en-Barœul, Marcq-en-Barœul, La Madeleine, Saint-André, Lomme, Loos, Haubourdin, Thumesnil, Ronchin).

49	étaient venus	de Roubaix-Tourcoing.
15	—	d'Armentières-Houplines.
11	—	d'Halluin et environs.
4	—	de Pérenchies.
27	—	du Pas-de-Calais (la plupart mineurs).
18	—	de l'arrondissement de Valenciennes (mineurs et verriers).

4	—	de l'arrondissement de Douai.
5	—	des environs de Maubeuge (métallurgistes).
1	—	de Fourmies.

427

IV. — Il fut répondu à 67 lettres de demande de renseignements, provenant non seulement de tous les points du département, mais du Pas-de-Calais, d'Amiens, de l'Oise, de la Meuse et même de la Loire (Rive-de-Gier).

V. — Sur 126 camarades qui confièrent leurs intérêts au Secrétariat Ouvrier, celui-ci mena à bien les affaires de 94 d'entre eux et leur fit obtenir devant les diverses juridictions (Justice de Paix, conciliation, tribunal civil, Cour d'appel) les indemnités auxquelles ils avaient droit. 3 furent complètement déboutés de leur demande. 26 sont encore en instance devant les Tribunaux.

Rapport succinct sur l'action du Secrétariat Ouvrier d'Hygiène pendant la période du 15 Novembre 1906 au 14 Novembre 1907.

I. 532 ouvriers et ouvrières blessés du travail se sont adressées à la permanence du **Secrétariat Ouvrier d'Hygiène** de l'*Union de Lille* pour divers renseignements.

401 d'entre eux étaient coopérateurs soit à l'*Union de Lille*, soit à une autre coopérative d'émancipation ouvrière (*La Paix*, de Roubaix, *L'Union d'Houplines*, *L'Avenir des Ouvriers d'Armentières*, *La Fraternelle*, d'Halluin).

377 étaient syndiqués, soit à l'un des syndicats adhérents à la Fédération des Syndicats ouvriers de Lille, soit à divers syndicats (Syndicat des Chemins de fer ; Textile de Roubaix ; Textile d'Halluin ; Textile d'Houplines ; Textile d'Armentières ; Textile de Bailleul ; Textile de Nieppe ; Textile d'Avesnes ; Textile de Fourmies ; Mécaniciens de Roubaix ; Mécaniciens et Métallurgistes de Maubeuge ; Métallurgistes d'Anzin ; Marbriers de Bellignies ; Mineurs de Libercourt-Wahagnies ; Mineurs de Denain ; Mineurs de Lens ; Verriers d'Aniche ; Verriers de Fresnes et Escautpont, etc.).

168 étaient inscrits dans les diverses sections du Parti Socialiste.

103 n'étaient membres d'aucune organisation. Le nécessaire fut fait pour leur enseigner leur devoir.

II. Les renseignements demandés se rapportaient :

207 fois à des questions de demi-salaires.

201 fois à des questions de rente par suite d'incapacité permanente.

15 fois à des questions relatives à des décès par suite d'accidents.

11 fois à des questions relatives à la révision de procès antérieurs.

123 fois à des certificats délivrés par des médecins.

54 fois à des abus commis par des patrons, des agents d'assurance ou des médecins patronaux.

Soit un total de 611 renseignements juridiques ou médicaux donnés aux 532 ouvriers ou ouvrières blessés du travail.

III. La correspondance échangée entre le **Secrétariat Ouvrier d'Hygiène** et les diverses organisations ouvrières de la région et même des localités éloignées (Paris, Le Havre, Saint-Etienne, etc.), a été très active. Dans le courant de l'année, il fut répondu à 159 lettres de demandes de renseignements concernant les accidents du travail.

IV. En dehors des **accidents du travail,** il fut répondu à 99 demandes de renseignements, soit oralement, soit par écrit, sur des sujets intéressant la législation ouvrière (Hygiène des ateliers, Assistance publique, Prud'homie, Contrat de travail, Saisie-Arrêt).

V. En ce qui concerne les renseignements donnés, relatifs à des affaires de droit commun, étant donné la réorganisation de ce service, il nous est impossible de fournir une statistique à ce sujet.

VI. Pendant le courant de cette année, 183 travailleurs blessés du travail se sont fait soigner à la consultation médicale de l'*Union de Lille*.

***

Nous ne voulons pas énumérer ici les résultats des multiples affaires dont le *Secrétariat Ouvrier d'Hygiène* a eu l'occasion de poursuivre et d'amener la conciliation devant le Président du Tribunal civil de Lille (1). Nous croyons seulement intéressant de signaler quelques jugements fixant certaines évaluations d'incapacité de travail.

P..., traceur. — *Amputation du pouce droit*, 25 %. (Tribunal de Lille 1906).

L..., modeleur. — *Amputation de la phalangette du médius et de la phalangette de l'annulaire gauche*, 7 %. (Tribunal de Lille 1906).

M..., tourneur. — *Amputation de l'index gauche et raideur articulaire des autres doigts*, 20 %. (Tribunal de Lille 1906).

L..., menuisier. — *Ankylose de la phalangette sur la phalangine ; semi-ankylose de la phalangine sur la phalange de l'index gauche*, 6 %. (Tribunal de Lille 1907).

V..., manœuvre. — *Limitation légère des mouvements du poignet droit suite de fracture de l'extrémité inférieure du radius*, 5 %. (Tribunal de Lille et Cour de Douai 1907).

T..., homme de peine. — *Gêne légère des mouvements du poignet gauche suite de fracture de l'extrémité inférieure du radius*, 10 %. (Tribunal de Lille 1906).

L..., mécanicien, — *Amputation de l'avant-bras droit*. 70 %. (Tribunal de Lille et Cour de Douai 1907).

D..., contremaître. — *Perte de l'usage des deux mains*, 90 % (Tribunal de Lille, 1907). Sur appel 100 % (Cour de Douai 1908).

M..., apprenti. — *Déformation du bras et de l'avant bras gauche suite de fracture de l'humérus et du radius. Gêne des mouvements du poignet et de l'avant-bras*, 20 %. (Tribunal de Lille 1906).

D..., peintre. — *Atrophie du deltoïde et limitation des mouvements de l'épaule droite suite de luxation*, 30 %. (Tribunal de Lille 1906).

---

(1) Un travail spécial concernant ce sujet sera publié ultérieurement.

C..., journalier. — *Arthrite de l'épaule droite avec limitation assez marquée des mouvements, suite de contusion*, 20 %. (Tribunal de Lille et Cour de Douai 1906).

D...,charretier. —Id. 20 %. (Tribunal de Lille 1906).

V..., terrassier. — *Arthrite légère de l'épaule droite suite de contusion*, 8 %. (Tribunal de Lille 1907).

B..., peintre. — *Ankylose du genou droit en extension avec raccourcissement de 4 cent.*, 50 %. (Tribunal de Lille 1906).

B..., frappeur. — *Hernie inguinale gauche chez un prédisposé* (atteint antérieurement d'une hernie à droite), 10 %. (Tribunal de Lille 1906).

D..., mouleur. — *Hernie crurale droite*, 10 %. (Tribunal de Lille 1908).

D..., mouleur. — *Perte de l'œil gauche*, 25 %. (Tribunal de Lille 1906), sur appel 33 % (Cour de Douai). En conciliation la Compagnie d'assurance offrait 30 %.

W..., chaudronnier, — *Cicatrice de brûlure palpébrale inférieure avec léger ectropion sans diminution d'acuité usuelle*, 6 %, (Tribunal de Lille 1906).

A..., ajusteur. — *Cataracte traumatique opérée avec bon résultat*, 24 %. (Tribunal de Valenciennes 1907).

D..., peintre. — *Hystéro traumatisme, suite de chûte sur le crâne, mettant le blessé dans l'incapacité presque totale de travailler*, 50 %. (Tribunal de Lille 1907).

**

Le *Secrétariat Ouvrier d'Hygiène* a également essayé de faire trancher par les Tribunaux certaines questions de principe concernant l'application de la loi sur les Accidents du Travail.

Entr'autres, il a réussi à faire établir :

a) L'obligation par le médecin patronal se rendant chez un blessé en l'absence du médecin traitant de présenter à ce blessé ayant d'avoir accès auprès de lui : 1° l'autorisation du Juge de Paix ; 2° le talon de la poste justifiant l'envoi au médecin traitant d'une lettre recommandée l'avertissant de cette visite. (Justice de Paix 1906) ;

b) Le droit pour l'apprenti blessé dans son travail à toucher une indemnité journalière égale à la moitié du salaire de l'ouvrier valide le moins payé de sa catégorie professionnelle, sans aucune restriction (Justice de Paix, Lille 1906) ;

c) l'obligation où se trouve le chef d'entreprise de continuer le paiement de l'indemnité journalière jusqu'au jour du jugement définitif, sauf le cas où le Président du Tribunal a ordonné le remplacement de cette indemnité journalière par une provision (Justice de Paix. Lille 1907) ;

d) le droit pour le blessé de réclamer à son patron des dommages et intérêts pour toute suspension arbitraire de l'indemnité journalière (Justice de Paix. Lille 1907) ;

e) l'obligation pour le chef d'entreprise de payer tout appareil dit orthopédique devant servir au *traitement* du blessé (Justice de Paix. Lille 1907).

CONCLUSION

Tel est actuellement le *Secrétariat Ouvrier d'Hygiène* de la Bourse du Travail de Lille.

Telle a été son œuvre jusqu'à ce jour.

Nous espérons que les organisations ouvrières continueront à lui apporter leur concours moral et financier afin de lui permettre de poursuivre le but qu'il s'est assigné.

Lille, ce 1ᵉʳ Mars 1908.

www.ingramcontent.com/pod-product-compliance
Lightning Source LLC
Chambersburg PA
CBHW060537050426
42451CB00011B/1771